Design & Layout: NickLiving

<u>Impressum</u>

Herstellung und Verlag:
BoD - Books on Demand, Norderstedt
ISBN: 978-3-7386-1830-3
Für den Inhalt des Buches
zeichnet der Autor verantwortlich
© 2015

Du stehst vor der Wand
Willst hindurch, doch nichts geht
Sie ist nicht aus Sand
Die störende Wand
Nur ein Lüftchen weht

Reiß die Wand ein
Sie ist nicht dick, ist dünn
Sie ist nur aus Stein
Reiß sie jetzt ein
Spring einfach darüber hin

Böse Menschen, ach,
drohn vor dir mit starrem Blick
Denk nicht zu lange nach
Lass doch das Böse, ach
Schau doch dahinter,
nur ein Stück

Mauern grenzen dich ein
Drehst dich nur noch im Kreis
Reiß sie jetzt ein
Sie sind nur aus Stein
Geh deinen Weg
Er ist nicht aus Eis

gedanke

Fremd

Irgendwo in dieser Stadt
Dort, wo keiner Namen hat
Fand ich dich am Rand der Zeit
Warst zu schnellem Sex bereit
Dort, am Ende aller Zeit
Irgendwo in dieser Stadt

Warfst dir harte Drogen ein
Bloß nichts fühln!
Das muss so sein!
Träume, Liebe gibt's hier nicht
Niemand schaut dir ins Gesicht
Traum und Hoffnung gibt's hier nicht
Selbst das Bier ist selten rein

Tränen netzten deinen Blick
Wolltest Freiheit, nur ein Stück
Irgendwo in dieser Stadt
Wo kein Mensch mehr Namen hat,
bliebst du hungrig, warst nicht satt
Sehnsucht netzte deinen Blick

Als ich ging, bliebst du zurück
Bliebst im Schatten, ohne Glück
Irgendwo im Hinterhaus
stirbt so manche graue Maus
Dort hälts keiner lange aus!
Kann man leben ohne Glück?

Und schon bald fuhr ich nach Haus
Hier sieht alles anders aus
Trank den Sekt, so gegen Vier
War doch noch so nah bei dir
Schloss die dicke Eingangstür
Weit entfernt vom Hinterhaus

Auf!

Dunkel scheint dein Weg durchs Leben
Düster alle Hoffnung auch
Lang schon fort der letzte Segen
Lustlos schleicht dein Weg durchs Leben
Aus manch Sturm ward längst ein Hauch

Wohin wird die Reise führen?
Führt sie überhaupt noch fort?
Dort wo Tränen Ängste schüren,
kann manch Weg zum Tode führen!
Nein, das ist kein schöner Ort!

Doch tief drin in deiner Seele
lebt noch was, es ist nicht groß
Wo sich stark manch Alpdruck quälte,
ist sie noch, die kleine Seele
Und die fragt: Was machst du bloß?

Werf nicht weg den Tag, die Stunde!
Sagt die Seele leis zu dir
Klafft im Herz auch eine Wunde,
pack jetzt an den Tag, die Stunde!
Sei jetzt Mensch, du bist kein Tier!

Los, steh auf aus deinen Qualen!
Mach dich frei, denn du bist stark!
Dort, wo Ängste sich noch aalen,
fallen bald die Teufelsqualen!
Bau(st) dir neu den hellen Tag!

Erkenntnis

Jahrelang suchst du nach dem großen
unerreichbar fernen Glück
Ach, du bist traurig, findest davon
nicht ein einzig kleines Stück
Du frierst und du schwitzt,
hast Angst und du weinst
Und spürst doch nicht,
dass du wie die Sonne längst scheinst
Dass in dir alle Träume klingen
wie eine wunderbare Musik

Trotzdem zitterst du und glaubst,
die Welt bleibt gleich stehn
Du denkst, deine Träume werden schon bald
im Mondlicht verwehn
Dabei fühlst du nicht,
dass du längst geliebt wirst von der großen Welt
Du glaubst noch immer, alles Glück wäre nur
ein Sack voller Gold und Geld
Sei endlich frei und beginne dich im Tanz
dieser Zeiten zu drehn

Da wirst du krank,
und auf einmal weißt du es wie niemals vorher
Das Glück heißt nur Leben,
es ist doch gar nicht so unendlich schwer
Plötzlich spürst du etwas,
dass du bis dahin noch nie zuvor gekannt
Und du wirfst um jene steinharte,
leicht zerstörbare dunkle Wand
Tief in dir drin fühlst du die Kraft,
diese Anmut und Liebe,
und du wirst gesund,
kein Tag ist mehr traurig und sinnlos und leer

Betrachtung

Hast gerad die Schlacht gewonnen
Sonnst dich in manch heißen Sonnen
Plötzlich kommt ein Schicksalsschlag!
Denkst nicht mehr an Nacht und Tag!
Fühlst nur noch den herben Schlag!
Fragst, wofür soll's Leben lohnen?

Himmel, Hölle, Satans Feuer
fallen in dein glattes Leben
Deine Seel brennt ungeheuer
Nein, es kommt kein Tag, kein neuer
Und es glüht dies Teufelsfeuer
Plötzlich hast du nichts zu geben

Aber da, aus deinen Träumen:
Licht dringt in die Finsternis!
Da lässt du den Teufel schäumen
Suchst nach neuen Lebensräumen
Jenseitig von bösen Träumen
Jenseits aller Düsternis

Neu beginnt dein Herz zu schlagen!
Kommst gestärkt aus deiner Krise!
Dort, wo alte Trümmer lagen,
wirst du mutig alles wagen!
Nein, du bist nicht mehr zu schlagen!
Fühlst dich kraftvoll wie ein Riese!

Traum

1.
Die Zeiten sind so düster
und so unsagbar schlecht
Überall droht Tod
und das furchtbarste Verderben
Kein einziger Mensch
macht es dem anderen wirklich recht
Alles ist so unsagbar übel
und so furchtbar und auch schlecht
Und alle hoffen, sie könnten mächtig sein,
und manch Reichtum erben

2.
Doch am Ende bleiben die Menschen
für sich ganz allein
Keiner traut mehr dem anderen,
jeder macht nur noch sein Ding!
So sollte es für die Zukunft
doch niemals mehr sein
Kein Mensch kann nur immer leben
so ganz für sich allein
Hat dieses Trugbild
wirklich irgendeinen echten Lebenssinn?

Refrain:
Plötzlich öffnet sich der düster schwarze Himmel
Und da, die Sterne strahlen
wie noch niemals je zuvor
Auf weißen Schwingen
fliegt kraftvoll da ein Schimmel
Prachtvoll ist er
und es funkelt der riesige Sternenhimmel
Und es singen alle Menschen der Welt
in einem einzigen Chor
Wir sind doch alle nur die Kinder
dieser einzigartigen Welt
Wir sind doch Menschen,
die nur zusammen wirklich glücklich sind
Was zählt schon Reichtum,
Macht und der Kampf um dieses bisschen Geld
Wir sind doch alle nur Kinder
dieser wundervollen schönen Welt
Wir haben ein Herz und können lieben,
und sind doch immer nur Kind
Weil wir einfach nur Menschen bleiben,
die spüren die Sonne und den frischen Wind
Diesen wundervollen
und so märchenhaften Sommerwind

3.
Da sind die Zeiten wieder gut
wie der junge neue Tag
Es zählt wieder Leben und die Hoffnung
und die Zuversicht
Die Menschen vergessen alles Weh und Ach
und auch so manche Klag
Denn die Welt ist wieder gut
wie jener einzigartige neue Tag
Und alle Menschen haben wieder Kraft
und zeigen offen ihr ehrliches Gesicht

Blicke

Blicke über Wiesen, Felder
Hoffnung schwingt in Seel und Herz
Manchmal jung und manchmal älter
Sehnsucht dringt durch dichte Wälder
Und ein Wunsch zieht himmelwärts

Wie viel kann ein Mensch ertragen?
Gibt es Trost in bittrer Stund?
Selbst das Glück an manchen Tagen -
kann man's einfach so ertragen?
Auch Gebet aus meinem Mund?

Lasst dies Leben uns erleben!
Denn es ist doch schön und gut!
Lasst uns Vieles geben, nehmen
Manche Liebe, manchen Segen
Spürt, es fließt noch, unser Blut!

Draußen

Es war einmal in einem sehr fernen Land
Da hatten die Menschen
stets Glück und auch Geld
Sie lebten für sich dort
wie auf ewig verbannt
Im Königreich dort draußen
in dem sehr fernen Land
Weit fort von der trüben
und so kranken Welt

Der Königssohn aber wollt wissen, wie´s ist
Dort draußen hinter dem Ozean,
ganz weit fort
Denn irgendwas hatte er so sehr vermisst
Was kann das nur sein,
dass da draußen noch ist
Wo liegt jener fremde, gefährliche Ort

Doch der König,
der stark und sein Vater ja war,
der meinte, das geht nicht,
keiner darf je dorthin
Da wurde dem Jungen
ganz plötzlich wohl klar:
Er muss heimlich gehen in diese Gefahr
Das Unbekannte suchen,
das schien ihm der Sinn

Denn der Vater hatte ihm immer gesagt:
Manchmal muss man kämpfen,
fürs Geld und fürs Glück
Nie hatte er später den Vater gefragt
Nie hatte der Vater vor ihm je geklagt
Sie hatten vom Glück und vom Geld
doch ein Stück

Jedoch in der Fremde,
in der unheilvollen Welt,
lauert die Gefahr, die der Vater gekannt
Doch der Prinz ahnte,
dass ihn hier nichts mehr hält
Ihn zog die Neugier,
er wollte fort in die Welt
Ganz weit da draußen
 in dem unsicheren Land

So schlich er sich nachts
aus dem Hause davon
Fuhr mit einem Boot übern Ozean fort
Er war wirklich mutig, er war Vaters Sohn
Er wollte weit weg, einfach auf und davon
Und traf schließlich ein
an dem wildfremden Ort

Doch dort gab's kein Glück,
keiner hatte dort Geld
Und mancher war krank,
ohne Arbeit und Brot
Der Junge verstand nicht die furchtbare Welt
Er war nicht mehr glücklich
und hatte kein Geld
So ganz unbehütet kam er arg in Not

Da fiel es ihm ein, was der Vater gesagt:
Geht's nicht, musst du kämpfen,
dann wird es schon gut
Nie hatte der Vater geschimpft und geklagt
Er hatte dem Sohn immer wieder gesagt:
Du brauchst weiter nichts
außer ehrliches Blut

So baute er auf, ohne Geld, ohne Wein
Er wusste genau, das er's schaffte schon bald
Es sollten die Kinder doch fröhlicher sein
Und Häuser die wuchsen
behänd Stein auf Stein
So wurde er selbst bald schon krank
und nicht alt

Doch ehe er starb, fern der Heimat,
die schön,
ja da spürte er´s deutlich: ihn liebte die Welt
Er brauchte nicht einsam
und traurig zu gehn
Arm war er und krank,
doch sein Traum wurde schön
Da ward ihm recht klar,
was wirklich nur zählt

Nicht Glück und nicht Reichtum,
sind ewig und satt
Es ist nur die Liebe, die alle vereint
Nie geht's auf der Welt
immer gut und nicht glatt
Und viele die werden im Leben nie satt
Doch ist man ein Mensch,
hat ein Herz, liebt und weint

Heimwärts

Sturm streift über Wipfel
Schlägt manch Wolkenpracht
Über alle Gipfel
zieht die bittre Nacht

Bin hinausgezogen
Unrast treibt mich fort
Mit dem Sturm geflogen
zu dem fernen Ort

Doch in aller Fremde
fühl ich mich nicht wohl
Eng sind Hos und Hemde
Worte klingen hohl

Will nun heimwärts ziehen
Irgendwas mich drängt
Dort bin ich zufrieden,
weil man mich dort kennt

Traum

Mir träumte einst von dem Moment,
an dem ich recht zufrieden wär
Dass ich mein Leben wieder fänd
An dem nicht alles öd und leer

Viel Geld zu haben, schön und klug,
dies träumte mir, als ich allein
Und Einfluss, Macht hätt ich genug
So sollt mein neues Leben sein

Doch eines Tags, reich war ich nun,
da spürte ich, es fehlt etwas
Ich lief in teuren Sonntagsschuhn
Und hatte weder Lust noch Spaß

So gab ich alles wieder weg
Blieb arm, allein in Mutters Haus
Begriff auf einmal meinen Zweck
Das Leben ist nicht Saus und Braus

Stand lang mit Mutter an dem See,
an dem ich früher oft gespielt
Und plötzlich tat´s im Herzen weh
Und plötzlich hab ich was gefühlt

Denn alles, was ich bin und war,
ist die Erinnerung, manch Schmerz
Sind Nächte, Tage, hell und klar
Sind Luft und Wolken - und mein Herz

Hoffnung

Wohin du auch immer noch so gehst,
der weite Himmel
wird dich überallhin und gut begleiten
Er zieht sich wie ein Bogen,
egal, wo du auch immer stehst
Ja, er wölbt sich schon seit ur-ewigen Zeiten
Und wird für lange Zeiten
über allen Dingen bleiben
Da macht es nichts, ob du das Ganze
irgendwie ein wenig nur verstehst

Wie oft du auch immer so weinst,
die Sonne wird doch immer wieder warm
und recht zufrieden scheinen
Wenn du dann von dem Großen,
dass du nicht erreichst, schon träumst
Wenn du am Anfang bist
und manchmal doch ganz nah am Abgrund scheinst
Mein Wunsch wird dich überallhin
und immerzu begleiten
Und irgendwann wirst auch du nicht mehr
allein und einsam bleiben

Wie sehr du auch haderst mit dir
und allen dummen Sorgen
Es wird wohl immer einen Weg
und eine Lösung geben
Werf nichts weg,
denn es gibt ein Heute,
und es gibt ganz sicher eine Hoffnung
Und einen völlig neuen, unverbrauchten Morgen
Nein, dein Lachen und dein Weinen
bleiben mir niemals verborgen
Denn aus alledem besteht dies eine,
unwiederbringlich wundervolle Leben

Gezeiten

Am Ufersaum nur sanfte Wellen
Das Meer kommt leis und laut daher
Am Horizont, dem dunklen, hellen
Spür ich des Ozeanes Wellen
Und in mir drin wird's leicht und schwer

So einsam ist's an diesem Orte
Die Weite scheint unsagbar weit
Ich denke nur, ganz ohne Worte
An diesem magisch, starren Orte
Und es zerrinnt mir Hoffnung, Zeit

Nur Möwen schreien mit dem Winde
Der sich in Sanddünen verliert
Ich hofft, dass ich die Welt verstünde
Doch sind da nur die kalten Winde
Und jener Strand, der schläft und friert

Ganz plötzlich dunkelt es behände
Und stürmisch wird's am Strande hier
Ich reib mir flugs die leeren Hände
Dass es bald wärmer wird behände
Und ich nicht einsam, alt erfrier

Das Wasser weicht dem Mond entgegen
Zieht sich zurück, weil Ebbe ist
Ich wollt ins Watt mich reglos legen
Doch schlägt der Sturm mir da entgegen
Und sagt, dass man mich längst vermisst

Da wird mir klar, ich sollt wohl gehen
Dorthin, wo ich was ändern mag
Das Meer sagt's laut, ich kann's verstehen
Ich sollt nach Hause schnellstens gehen
Bevor sie kommen, Flut und Tag

Jedoch liegt vor mir nur die Leere
Das Meer ist fort, ich weine leis
In meinem Herz die bittre Schwere
Und überall die lähmend Leere
Ganz langsam wird das Watt zu Eis

Laut schlägt erneut der Sturm zum Strande
Bringt bald das Meer, ich ahn es schon
Ganz nah an der Gezeiten Rande
Fragt keiner wohl nach Glück und Schande
Bleibt nur manch Schuld als letzter Hohn

So schlag ich hoch den warmen Kragen
Weiß plötzlich, dass ich leben will
Auf einmal gibt es keine Fragen
Ich schlag ihn hoch, den feinen Kragen
Und hinter mir rauschts laut und still

Anderswo

Verrückte Stadt
Verhallt mein Schrei nach Liebe
Die Menschen hier, die geben mir nichts mehr
Ich zieh davon,
in aller Herrgottsfrühe
zum fernen Ort
Der Abschied fällt nicht schwer

Am schroffen Berg,
ein Schneesturm schlägt ins Auge,
bau ich ein Zelt
Ein Bär streicht nah vorbei
Ich atme tief
Wohin ich immer schaue,
wacht Einsamkeit-
Sie ist mir einerlei

Die Nacht beginnt
und Kälte zieht ins Herze
Und Sehnsucht sinnt
nach einem andern DU
Ich ess mein Brot
Mich wärmt nur eine Kerze
Doch irgendwie
komm ich wohl nicht zur Ruh

Mein Licht verlischt
Die Müdigkeit erdrückt mich
an jenem Berg
Der Sturm zog lang vorbei
Gedankenflug
Der Mond scheint unerbittlich
ins Zelt hinein
und leckt die Seele frei

Aus meinem Traum
entsteigt ein fremdes Wesen
So wunderschön
Und mir wird's langsam warm
Mir ist's,
als sei es immer hier gewesen
Ich spüre Glück
Vorbei der alte Gram

Doch bleibt nur kurz
dies sagenhafte Wunder
Es flieht die Nacht
Und fliehen will mein Traum
Er schien so nah
Nie war ein Märchen bunter
Doch blieb in meiner Seel
am Ende doch nur Schaum

Ein neuer Tag
holt mich aus meinem Schlummer
Der Berg ruht stumm
Ich kriech aus meinem Zelt
Die Einsamkeit bringt
Trauer, Tränen, Kummer
Und ich brech auf,
zieh wieder in die Welt

Verweht die Nacht,
zerfallen mit den Träumen
Jenseits Bergs
erkenn ich plötzlich: DICH!
Und meine Spur verweht
schon zwischen kahlen Bäumen
Dort hinterm Berg,
da küss ich Dein Gesicht

Er ging den weiten Weg hinaus
Es war ein neblig, trüber Tag
Der Morgen sah wie jeder aus,
da ging er fort von seinem Haus
Sein Blick, so starr und ohne Frag

Ein Regenschauer zog ins Land
Hier draußen, wo sonst keiner lebt
Er hat die Fotos längst verbrannt
Nur Einsamkeit lag überm Land
Für seinen Traum war´s längst zu spät

Sein Leben ließ er weit zurück,
in diesem Haus, am stillen Wald
Er suchte nicht mehr nach dem Glück
Und ließ die Hoffnung weit zurück
Und war erst fünfzig Jahre alt

Vor vierzehn Tagen war´s genau,
als er hier seinen Sohn verlor
Und wenig später starb die Frau
Es war wohl hier, ja ja, genau
als seine Seele starb, erfror

Bis dahin schien das Leben gut
Karriere, Geld, ein Haus, ein Boot
Doch irgendwann verlosch die Glut
Mit der Familie liefs nicht gut
Und plötzlich waren alle tot

Er setzte sich auf einen Stein,
hier draußen, auf dem weiten Feld
Warum nur musste das so sein?
Am Schluss – ein Kilometerstein!
Am Ende hilft nicht Gut, nicht Geld!

Noch einmal raffte er sich auf
Noch zwei, drei Schritt, irgendwohin
Was für ein allerletzter Lauf!
Warum rafft man sich immer auf?
Und wo liegt aller Lebenssinn?

Es wurde Nacht und er blieb stehn
Ein Blitzschlag nahm ihn mit sich fort
Er konnte nicht mehr weiter gehn
Er blieb nur einfach wortlos stehn,
an diesem trüben schlimmen Ort

Geblieben ist ein Häuflein Staub,
das trieb in die Unendlichkeit
Ein Blitzschlag traf, es war nicht laut
Von manchem Leben bleibt nur Staub
in einer schwarzen Dunkelheit

Sein Haus ist fort, es steht nicht mehr
Man riss es ab vor kurzer Zeit
Und nur die Steine wiegen schwer
Sein Haus, sein Leben gibt's nicht mehr
Was ist's, dass nach uns übrig bleibt

Weihnachtsgeschichte

Ein Weihnachtsabend gegen 3
Das junge Paar sitzt unterm Baum
Ein kleines Kind ist auch dabei
Es ist an Weihnacht gegen 3
Was für ein schöner Weihnachtstraum

Gleich gibt's Geschenke reichlich, satt
Das Kind, gespannt, ist voll von Glück
Der Weihnachtsmann kommt in die Stadt
Und bringt Geschenke, reichlich, satt
Und Papa kennt den Weihnachtstrick

Er geht hinaus und lächelt leis
Und sagt noch schnell: Gleich ist's soweit!
Die Spannung steigt, dem Kind wird's heiß
Der Papa lächelt nur ganz leis
Und so vergeht die Stund, die Zeit

Die Mutter nimmt das Kind zu sich
Und streichelt sacht ihm übers Haar
Wo bleibt der Papa, fragt sie sich
Und nimmt das Kind ganz sacht zu sich
Der Weihnachtsmann ist noch nicht da

Der Abend geht, längst schläft das Kind
Es hat nach Papa kurz gefragt
Vorm Hause streicht ein eisig' Wind
Die Mutter bracht ins Bett das Kind
Und hofft am Fenster voller Klag

Wo bleibt der Papa, wo der Mann?
Warum in dieser Weihnachtsnacht?
Lang schaut im Spiegel sie sich an
Wo bleibt nur unser Weihnachtsmann?
Hat der sich aus dem Staub gemacht?

Am nächsten Morgen klingelts früh
Zwei Polizisten stehn vorm Haus
Sie stelln sich vor und fragen sie
Für manche Nachricht ist's zu früh!
So sieht kein Weihnachtsmorgen aus!

Man fand den Wagen irgendwo,
zerschellt an einer Häuserwand
Da war das Glatteis, einfach so,
in einer Straße, irgendwo
Den Toten man erst morgens fand

Die Polizisten gehen schnell
nach Haus, wo Weihnachtsmusik singt
An jenem Morgen wird's nicht hell
Und mancher Tod kommt eben schnell
Manch Papa nie Geschenke bringt

Das Kind erwacht so gegen 10
Und fragt nach seinem Papa bald
Die Mutter bleibt im Zimmer stehn
Es ist an Weihnacht, früh um 10
Und in der Wohnung ist's so kalt

Sie nimmt das Kind in ihren Arm
Und drückt es fest ans Mutterherz
Wolln wir zum Weihnachtsmann jetzt fahrn?
Sie hält das Kind ganz fest im Arm
Schluckt schnell hinunter ihren Schmerz

Und alle Fragen bleiben fort
Es gibt auch keine Fragen mehr
Wo gestern noch ein schöner Ort,
bleibt aller Weihnachtszauber fort
Der Weihnachtsmann kommt nimmer mehr

Sie steigt ins Auto mit dem Kind
„Komm lass nach Papa uns jetzt schaun"
Es weht nur eisig kalt ein Wind
Sie fährt davon mit ihrem Kind
Auch draußen steht manch Weihnachtsbaum

Man sieht sie rasen übers Land
Es fällt der Schnee so weiß und dicht
Sie nimmt das Kind fest an die Hand
Es ist doch Weihnachten im Land
Die nächste Kurve sieht sie nicht

Dann ward es still – kein Schnee, kein Wind
Nur einsam steht ein Weihnachtsbaum
Sie stieg ins Auto mit dem Kind
Und wollt zum Weihnachtsmann geschwind
Nur einmal noch den Weihnachtstraum

Und irgendwo zur Weihnachtszeit,
da wartet manches Kind verzückt
auf Papa mit dem Weihnachtskleid
Am Himmel hoch zur Weihnachtszeit
leuchten drei Sterne
voller Glück

Die Angestellte

Es war ein Morgen, irgendwann
Der Kaffee schmeckte schlecht, so schlecht
Noch schnell ein Küsschen für den Mann
An diesem Morgen, irgendwann
Sie macht' es allen immer recht

An jenem Tag, als Regen fiel,
war's trübe noch und seltsam lau
Ihr Job war hart, kein leichtes Spiel
Der Tag war grau und Regen fiel
Sie war 'ne starke schwache Frau

Sie sah das Elend vis-à-vis
Und mancher Fall wog tonnenschwer
Sie hielt es durch wohl irgendwie
Sah oft manch Trauer vis-à-vis
Doch auch sie selbst schien müd und leer

Vorm Spiegel in der Pause dann,
da sah sie sich und weinte leis
Ein Handyklingeln, wohl der Mann
Vorm Spiegel jetzt, minutenlang
Und irgendwo zerschmolz das Eis

Was, wenn sie einfach wortlos ging?
Dorthin, wo alles Glück vielleicht?
Dorthin, wo aller Segen hing?
Wer fragt, wenn sie jetzt einfach ging?
Ob's für das Leben dann noch reicht?

Sie schloss die Augen, hielt sich fest,
und wankte hin und wieder her
Was, wenn man sich mal treiben lässt?
Sie hielt am Waschbecken sich fest
Im Leben geht so manches quer!

Was für ein schöner ferner Traum
Sie wischte sich die Tränen fort
Mit Seife und mit reichlich Schaum
wusch sie sich ab den großen Traum
Man rief nach ihr mit lautem Wort

Und lächelnd lief sie schnell zurück
Ein neuer Kunde wollte Rat
Wo liegt des Lebens größtes Glück?
Sie lief nur ins Büro zurück!
Und tat, was sie sonst immer tat!

Sie sagte JA, sie sagte NEIN
Der Arbeitstag ging schnell vorbei
So musste es wohl immer sein:
Ein Leben zwischen JA und NEIN
Ihr Mann kam heim, so gegen 3

Schauspieler

Er hatte einfach nur gelacht
Der Schauspieler im letzten Akt
Er sah uns an und hat gelacht
Woran nur hatte er gedacht?
Der Schauspieler im letzten Akt

Er spielte so unsagbar gut
Der Schauspieler gab alles hin
Er weinte auch und zeigte Wut
Ging es ihm wirklich immer gut?
Der Schauspieler gab sich nur hin

Am Ende ging der Vorhang zu
Der Schauspieler schminkte sich ab
Er wollte jetzt nur seine Ruh
Der Vorhang ging für heute zu
Es war ein wirklich guter Tag

Dann ging er heim, tief in der Nacht
Die Frau, die Kinder schliefen schon
Ein Kuss für alle, nur ganz sacht
Denn es war still und es war Nacht,
fernab vom Bühnenmikrofon

Und als er träumte, selbst sich sah,
da spürte er auch Einsamkeit
Wer er im Spiel auch immer war,
er blieb allein dort, unnahbar
Und Frau und Leben schienen weit

Er brauchte den Theaterschein
Die Kinder hatten ihn vermisst
Er wollte jemand anders sein
Ein Leben zwischen Schein und Sein
Er hatt` die Frau nur sacht´ geküsst

Am nächsten Morgen gegen Acht
ging er zur Probe für sein Stück
Er hat „Adieu" nur leis gesagt
Ging ins Theater gegen Acht
Denn dort, nur dort fand er sein Glück

Er hatte wieder gut gespielt
Der Schauspieler im letzten Akt
Ob er sich wirklich wohl gefühlt?
Wer weiß das schon?
Er hat gespielt!
Ein Schauspieler im letzten Akt

Die Fee

Von fern spielt eine Melodie
Und irgendwo, da sah ich sie
Ein Zauber drang ins Herze mir
Am Weihnachtsabend, gegen 4

Vom Schnee verweht ihr Angesicht
Sie tanzte leicht im Kerzenlicht
Ihr weißes Kleid – ein Sternenmeer
Und Glück und Friede um uns her

So leicht erschien mir da die Welt
Ganz ohne Leid und Hass und Geld
Ihr Lächeln schien fern aller Zeit
Mein Aug von Tränen längt befreit

Sie flog davon – sie blieb nicht hier
Am Weihnachtsabend, gegen 4
So etwas Schönes sah ich nie
Mir blieb die ferne Melodie

Sag mir, warum hilfst Du nicht?
Lieber Gott im Himmelzelt
Schau mir doch mal ins Gesicht
Sag, warum hilfst Du mir nicht?
Es ist kalt auf Deiner Welt

Sag mir, warum sprichst Du nicht?
Lieber Gott, dort, irgendwo
Spende doch mal Trost und Licht
Sag, warum nur sprichst Du nicht?
Bin so einsam und nicht froh

Sag mir, warum bleibst Du fort?
Lieber Gott, Du großer Mann
Hörst Du nicht mein fragend´ Wort?
Sag, warum nur bleibst Du fort?
Ich zerbreche irgendwann!

Sag mir, gibt's Dich überhaupt?
Lieber Gott! Bist Du Prophet?
Bist Du leise oder laut?
Scheinst doch irgendwie vertraut
Kennst Du meinen rechten Weg?

Sag mir, wann kommt meine Zeit?
Lieber Gott, Du bist so fern
Überall scheint Dunkelheit
Sag, wann kommt mal meine Zeit?
Plötzlich strahlt ein heller Stern

An Gott

Alte Frau

Sie denkt sehr selten nur an Morgen
Die alte Frau ist ohne Sorgen
Sitzt auf der Bank vorm Haus, im Tal
Und es ist Frühling
wiedermal

Im Sommer zieht´s die Frau zum Garten
Sie will jetzt nicht mehr länger warten
Die Rosen und die Nelken blühn
Sie will nochmal im Tanz sich drehn

Der Herbst zieht ein, die Blätter fallen
Auch Vogelstimmen kaum noch hallen
Die alte Frau ruht sich nun aus
Und Nebel ziehen um ihr Haus

Die alte Frau ist alt geworden
Und jenes Jahr scheint fast gestorben
Der Winter längst am Fenster leckt
Die Bank vorm Haus
von Schnee bedeckt

Abschied?

Ich steh auf einer Brücke
Gespenster spieln im Fluss
Im Hirn klafft eine Lücke
Die Seel braucht eine Krücke
Im Hirn nur eine Lücke
Ich habe keine Bitte
Und hab auch keinen Gruß

Die Nacht senkt sich hernieder
Ich wart auf Irgendwas
Zu fern die Sommerlieder
Ich schau aufs Wasser nieder
Wann kommt die Hoffnung wieder?
Und jene Sommerlieder?
Und aller Lebensspaß?

Die Uhr schlägt Mitternachte
Und Nebel steigt empor
Die Kälte kommt ganz sachte
Du gingst, eh ich es dachte
Warst fort, als ich erwachte
Jetzt schlägt's nur Mitternachte
Ein Spiel, das ich verlor

So gern wär ich gesprungen
Doch größer schien die Angst
Es ist mir nicht gelungen
Und dort, wo wir gesungen
Mit Herz und aus den Lungen
Da bin ich nicht gesprungen
Ob Du wohl um mich bangst?

Es naht der neue Morgen
Ich schrecke hoch, s ist Fünf!
Im Schweiße aller Sorgen
Lieg ich bei Dir geborgen
Im weichen Bett verborgen
Und Du lachst ohne Sorgen
Ich hab noch an die Strümpf

Am Grab

Der Regen rieselt durch die Äste
Wart auf dem Friedhof ganz allein
Gedanken um des Lebens Reste
stelln kühl in meiner Seel sich ein

Hier ist's so ruhig, endlose Stille
Nur Regen fällt auf manches Grab
So endgültig, ein letzter Wille?
Hier, wo man nichts zu sagen wagt

Da giert und jagt man durch die Zeiten
Da jammert man und will noch mehr
Und spürt nicht, wie die Jahr' enteilen,
wie alt man wird und schwach und leer

Die Jugend ist nicht festzuhalten
Der Reichtum nicht und nicht das Gut
Nichts ist auf ewig aufzuhalten,
weil irgendwann erstarrt das Blut

So will ich Einhalt mir gebieten
Denn viel zu schnell komm ich hierher
Sollt wieder neu mein Leben lieben
und Lieder singen, und noch mehr

Der Regen rieselt durchs Geäste
Und dunkel wird's im Friedhofshain
Was tu ich mit des Lebens Reste?
Schlag hoch den Kragen und geh heim!

Ein Mann

Ein Mann geht durch die kalten Zeiten
Er fühlt sich schlecht,
er fühlt sich krank
Er will wohl nirgends lange bleiben
Zieht rastlos nur durch alle Zeiten
Sitzt manchmal lang auf einer Bank

Ich seh ihn dort am frierend´ Teiche
Er schlägt den Kragen ziemlich hoch
Und sein Gesicht scheint mir sehr bleiche
An jenem kalten, frierend´ Teiche
Dort auf der Bank,
beim Mauseloch

Lang schaut er einfach so nach Norden
Mir ist´s, als wenn er sterben wollt
Vielleicht hat er zu große Sorgen
Er schaut so still
und stets nach Norden
Bis das die Nacht ihn überrollt

Und plötzlich ist er fort, verschwunden
Nur diese Bank zeugt noch von ihm
Da wird es klar mir unumwunden
Wohl ist er fort nicht und verschwunden
Denn er ist ICH, tief in mir drin

Leuchtturm

Irgendwo in ferner Zeit
blinkt ein Leuchtturm in die Welt
Steht so einsam und befreit
Steht so fern von aller Zeit
Ja, sein Mauerwerk, es hält!

Hab ihn eines Tags entdeckt
Dort am Ufer, dort am Strand
Fand ihn kaum, weil er versteckt
Hab ihn irgendwann entdeckt
Und ich lief durch weißen Sand

Stand vor ihm und sah sein Licht
Und das Meer rauschte im Wind
Plötzlich sah ich mein Gesicht
Dort im hellen Leuchtturmlicht
Vor mir stand ein frohes Kind

Ja, es lachte und es sang
von dem Leben und vom Glück
Sah das Kind minutenlang
Hörte, wie es fröhlich sang
Und ich sang dies Liedchen mit

Und auf einmal ward mir klar,
dass ich doch noch lachen kann
Hier, wo nie ein Mensch je war,
wurde mir so manches klar
Täglich fängt dies Leben an!

Wenn sich etwas ändern muss,
geht es nur, wenn ich es tu!
Denn es ist noch lang nicht Schluss,
weil ich´s selbst jetzt ändern muss!
Denn das Leben gibt nie Ruh

Irgendwo in ferner Zeit
blinkt ein Leuchtturm hell und gut
Steht so einsam und befreit
Jenseits aller Lebenszeit
Gibt mir neuen Lebensmut

Ahnung

Der Winter naht,
das Feld liegt ohne Leben
Und auch der Bach im Wald
stöhnt müde vor sich hin
Einsames Bad
Es fällt nur leis der Regen
Ich bin halbwach und alt
Wo ist des Lebens Sinn?

Jetzt ist es Herbst
Die Bank gähnt vor den Weiden
Zu kalter Wind
Am Haus die Einsamkeit schon lehnt
Wer jetzt nicht scherzt,
der wird nicht lange bleiben
Kein einzig' Kind,
nicht Mensch,
wird spielen hier verschämt

Das Jahr ist um!
Mein Weg führt in die Ferne
Doch nur im Traum, allein
Die Nächte werden lang
Der Mond bleibt stumm
Und stumm sind auch die Sterne
Es schweigt der Baum,
der Stein
Und mir wird's langsam bang

Überflieger

Jetzt ist die Zeit der Überflieger
Sie fliegen hoch und weit hinaus
Und singen Dir die schönsten Lieder
In feinstem Zwirn, auf heißem Mieder
Jetzt ist die Zeit der Überflieger!
Soweit bin ich vom Heimathaus

Jetzt ist die Zeit der Überflieger
Die sind so jung, so schön, so stark
Und zeigen ihr gar bunt' Gefieder
Wolln mächtig werden, immer wieder
Jetzt ist die Zeit der Überflieger!
Allein sitz ich im herbstlich' Park

Jetzt ist die Zeit der Überflieger
Allseits geliebt, mit stetem Mut
Da, ihre Gärten, reich an Flieder
Es ist die Zeit der großen Sieger
Jetzt ist die Zeit der Überflieger!
Vom Sturm verweht mein Haar,
mein Hut

Jetzt ist die Zeit der Überflieger
Sie sind perfekt und lächeln froh
Ihr Haus gedeckt mit rotem Schiefer
Zur Weihnacht steht die größte Kiefer
Jetzt ist die Zeit der Überflieger!
Und ich zieh weiter, einfach so

Jetzt ist die Zeit der Überflieger
Die Zeit des Mittelmaßes dort
Die Zeit der Dirnen und der Dealer
Es stirbt die Menschheit bald am Fieber
Jetzt ist die Zeit der Überflieger!
Ich leb an einem fernen Ort

Träume

Schön war's in der großen Stadt
Job, Familie, wunderschön
Dort wo keiner Namen hat
lebten sie in jener Stadt
So sollts immer weiter gehn

Doch seit kurzem träumte sie
von dem Ort, der endlos weit
Sah die Kirche, Wald und See
Manche Nächte träumte sie
von der fernen Seligkeit

Sie verstand die Zeichen nicht
Doch es zog sie magisch fort
Und sie sah im Traum ein Licht,
hatte Tränen im Gesicht
Wo nur lag dies Land, der Ort?

Mehr und mehr wollt sie dorthin
Alles schien ihr so bekannt
Wo nur lag des Traumes Sinn?
Warum wollte sie dorthin?
In dies wundersame Land?

Eines Tages brach sie auf
Nahm die Tasche wie in Trance
Nahm den Abschied selbst in Kauf
Schweigend brach sie einfach auf
War das ihre letzte Chance?

Auf dem Weg durch Traum und Zeit
kam nach Irland sie bei Nacht
Lang schien dieser Weg und weit
Irgendwo am Rand der Zeit
wurde sie nach Haus gebracht

In dem kleinen Dorf am Meer
sah es aus wie in dem Traum
Kirche, Wald ... sie wollt hierher
In das kleine Dorf am Meer
In das Haus beim Mandelbaum

Nichts war hier wie in der Stadt
Ruhm und Reichtum gab´s hier nicht
Wichtig war nicht, was man hat
Wichtig nicht die ferne Stadt-
Nur des Mondes fahles Licht

Auf dem kleinen Friedhof dort
stand sie an dem fremden Grab
Hier an diesem stillen Ort
trug sie die Erinnrung fort
Las die Inschrift, die schon matt

Da durchfuhr ein Blitz ihr Hirn
Und sie wusste es genau
Ihre Mutter lag hier drin
Ja, ihr Traum zog sie hierhin,
zu dem Grab der toten Frau

Und sie fühlte sich so gut
Goss die Blumen vor dem Stein
Hatte wieder Lebensmut
Denn sie fand ihr eigen´ Blut
Ihre Seele wurde rein

Plötzlich hörte sie von fern,
wie die Mutter leise sang
„Ach, mein allerliebster Stern,
kamst zu mir, doch ich bin fern.
Kamst zu mir, zum weißen Strand"

Lange saß sie noch am Grab
Und sie küsste sanft den Stein
Dort, wo´s keine Zeit mehr gab
Dort an Mutters kleinem Grab,
konnt´ sie endlich glücklich sein

Als sie wieder heimwärts zog,
war voll Liebe sie und Kraft
Und ein Silberwölkchen flog
übers Meer, auf dem sie zog
Ja, sie hatte es geschafft!

Und daheim - dort, in der Stadt
hatte sie den Sinn erkannt
Wer im Herz sein´ Mutter hat,
braucht nicht Geld, nicht Ruhm und Stadt
Nur manch Traum und Mutters Hand

Phoenix

Traf Dich in der großen Stadt
Dort in Phoenix, irgendwo
Dort, wo keiner Namen hat
Irgendwo in dieser Stadt
Fragt' ich Dich ganz einfach so

Dein Gesicht, Dein blondes Haar
Und Dein Lachen, sonderbar
Alles war wies niemals war
Wie Dein Lachen unterm Haar
Wollte bleiben, völlig klar!

Ach, wir tanzten durch den Tag
Durch die wundervolle Stadt
Dort, wo keiner Namen hat
Sangen wir durch diese Stadt
Und wir stellten keine Frag

Irgendwann der erste Kuss
Blondes Mädchen, irgendwo
Niemand dachte an den Schluss
Dort in Phoenix dieser Kuss
Und wir waren glücklich, froh

Da, im Radio, dieser Song
Deine Stimme war's, ein Traum
Phoenix, Du, nun komm doch schon!
Oh mein Gott, was für ein Song!
Und wir kannten uns doch kaum

Doch mein Herz schlug anderswo
Wollt nach Westen weiter ziehn
Ja, wir waren glücklich, froh
Blondes Mädchen irgendwo
Du warst unbeschreiblich schön

Eines Tags, da spürte ich
Dieses Fernweh nach Asphalt
Wusste doch, ich liebe Dich
Doch es schien absonderlich
Phoenix macht mich nicht mehr alt

Lächelnd nahm ich Deine Hand
Küste Deine Tränen fort
Als mein Pickup dann verschwand
Winktest Du mit schwerer Hand
Und bliebst stehn noch lang am Ort

Phoenix lag lang hinter mir
Musst´ nach Westen weiter ziehn
Irgendwann, so gegen Vier
Schrieb ´ne SMS ich Dir
Willst Du denn nicht mit mir gehn?

Doch du schwiegst, mein Phone blieb stumm
Und ich war schon weit, so weit
Dachte schon, Du nimmst mirs krumm
Diese Trennung, die so dumm
Lang vorbei schien unsere Zeit

Da, im Radio, dieser Song!
Diese Stimme, das warst Du!
Riefst nach mir, nun komm doch schon!
Oh mein Gott, was für ein Song!
Und vorbei war's mit der Ruh!

Wendete den Wagen schnell!
Fuhr zu Dir, mein Phoenix-Star!
Jene Stund war hell, so hell
Fuhr zu Dir, nach Phoenix schnell!
Plötzlich schien das Leben klar!

Irgendwo am Straßenrand
Standst Du noch und winktest mir
Habe Dich sofort erkannt
Tränenschwer am Straßenrand
Jetzt bleib ich für immer Dir!

Traf Dich in der großen Stadt
Dort in Phoenix, irgendwo
Wo das Glück 'nen Namen hat
Dort in dieser Riesenstadt
Wurden wir gemeinsam froh

Und der Westen blieb nicht fern
Nach Los Angeles wir zwei!
Blondes Mädchen, Du mein Stern
Hollywood war nicht mehr fern
Phoenix machte uns so frei!

Immer auf der langen Fahrt
Mal nach West und mal nach Süd
Unsre Herzen blieben stark
Wir zwei auf der großen Fahrt
Weil ich Dich für ewig lieb!

Anschlesien

Es zog die Karawan durchs Land
Von fern, vom fernen Schlesienland
Nach Deutschland ging´s, durch kalte Zeit
Nie war ein Mensch dazu bereit
Sie sollten fort vom Heimatland

Von fern dröhnte die östlich Front
Die hat das Land und nichts verschont
Ein Grollen zog am Firmament
Und jeder griff zum letzten Hemd
Man hatte hier so lang gewohnt

Kein Blick zurück zu jener Stadt
Dort, wo man einstmals froh und satt
Nur an der Oder stand ein Kind,
weinte zum Kanonenwind,
weil es die Freunde nicht mehr hatt´

Schon dröhnten Panzerwagen laut
Das Kind stand still und schaut´, und schaut´
Längst müsst es ziehn ins deutsche Land,
Wo auch manch Haus längst abgebrannt
Und heiß wards ihm auf seiner Haut

Ich fragte, wo die Eltern sind,
von diesem kleinen Schlesienkind?
Und plötzlich sprach das Kind den Fluch:
Im Heimathaus, im Gasgeruch!
Den trug längst fort des Krieges Wind

Da riss es die Familien tot,
im Morgen und im Abendrot
Die Männer blieben in der Stadt
Ob Schlesien doch noch Hoffnung hat?
Das Kind aß nie mehr Himbeerbrot!

Die Menschen, die geflohen sind,
vermissten auch dies kleine Kind
Und sie vermissten Haus und Mann
Den Frieden auch wohl irgendwann
Weht anderswo ein andrer Wind?

Und an der Neiße, überm Fluss,
da gab es keinen Gottesgruß
Da stolperten am Pontonsteg
die Menschen, die vom Krieg verweht
Die Heimat starb in Schutt und Ruß

Ach Schlesien, du bist weit, so weit
Und weit ist auch die beste Zeit
Nur die Erinnerungen ziehn
durch alle Trauer mitten hin
Die Tränen zolln vom großen Leid

So viele sind jetzt irgendwo!
Und Schlesien ward einst nimmer froh!
Die Menschen, dies einst ausgemacht,
sind fort, vertrieben von der Schlacht!
Und manchem Kind ging´s ebenso!

Da zieh ich hin am heutgen Tag
Will Antwort auf so manche Frag
Mein Schlesien will ich wieder sehn
Vielleicht will ich dann nie mehr gehn?
Vielleicht kommt auch mein' große Klag?

Doch wie ich durch die Straßen geh,
ist's Winter mir, im Herz liegt Schnee
Und wo mein Haus gestanden hat,
gähnt heute noch ein tiefes Grab
Ich schweig, doch schreit in mir die Seel

Trotzdem sind neue Menschen hier
Auch das ist gut, da stirbt nichts mehr
Und wie zu jener fernen Stund,
als meine Seel', mein Herz so wund,
ist wieder neue Hoffnung hier

Und meine Stimme spricht und singt
ein leises Lied von einem Kind
Das stand am Oderufer dort,
bis es die Flammen nahmen fort
Ich weiß, dass das niemals verklingt

Da, plötzlich stimmen alle ein,
in jenes Schlesien-Liedelein
Das Kind fliegt übers Himmelszelt
Und trägt nun Friede um die Welt
Es will doch nie gestorben sein

Mir ist's, als sei sie noch ganz nah,
die Flüchtlingskarawane, da!
Seht ihr sie auch?
Hört ihr die Front?
Sie hatte keinen einst verschont!
Mein Schlesien starb!
Ist doch noch da!

Feuersturm

Es zügeln die Flammen,
verschlingen das Haus
Die Menschen da drinnen
sind lang noch nicht raus
Ach helft doch den Leuten
Sie brennen ja schon
Wie gut, dass ich nicht
in jenem Haus wohn

Es töten die Flammen,
das Haus ist lang fort
Und auch all die Menschen
Man fragt: War das Mord?
Doch keiner will´s glauben
Man sucht nach der Schuld
Warum das Gerede?
Warum die Geduld?

Es sterben die Flammen
Ein neues Haus steht
Und auch neue Menschen
Ob das wohl gut geht?
Und keiner stellt Fragen
Man sieht ja nichts mehr
Und wieder kommt scheinheilig
Frieden einher

5	Gedanke
6	Fremd
8	Auf!
9	Erkenntnis
11	Betrachtung
12	Traum
15	Blicke
16	Draußen
20	Heimwärts
21	Traum
22	Hoffnung
24	Gezeiten
26	Anderswo
29	Irgendwer
31	Weihnachtsgeschichte
35	Die Angestellte
37	Schauspieler
39	Die Fee
40	An Gott
41	Alte Frau
42	Abschied?
44	Am Grab
45	Ein Mann
46	Leuchtturm
48	Ahnung
49	Überflieger
51	Träume
54	Phoenix
58	An Schlesien
62	Feuersturm

63